SUPER KNOWLEDGE

超级涨知识

北京市地理特级教师
李京燕 主审

朱岩 编著
石子儿童书 绘

绕不开的地理常识

神秘的蓝色星球

1

电子工业出版社

Publishing House of Electronics Industry

北京·BEIJING

目录

地球处在宇宙中的什么位置?

古希腊学者亚里士多德认为地球是宇宙中心。因为人们能够观察到太阳、月亮东升西落，却感受不到地球在移动。

公元前 3 世纪 古希腊天文学家阿里斯塔克创立了"日心说"，第一次将太阳放在了整个宇宙的中心。然而，他的观点在很长时间里没有太多人关注。

公元 2 世纪 生活在埃及亚历山大港的托勒密完善了"地心说"的理论，绘制出了太阳、行星和恒星都围绕着地球转动的宇宙模型。

1543 年 波兰天文学家哥白尼出版《天体运行论》，认为太阳才是宇宙的中心，地球只是绕太阳旋转的众多行星中的一颗。

17 世纪 德国天文学家开普勒发现行星的运动遵守着三条简单的定律，更好地验证了它们的运行轨道是椭圆形的，而不是圆形的。

伽利略是"哥白尼理论"的拥护者。他通过自己发明的望远镜进行天文观测，发现有卫星绕木星运动，证明了存在不绕地球运动的天体。

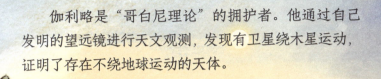

牛顿进一步证明了开普勒的"行星运动定律"，为"日心说"提供了强有力的理论支持。

随着天文学的进一步发展，我们知道地球是绕太阳运动的行星之一，太阳是银河系中众多的恒星之一，而银河系也只是宇宙中数量庞大的星系之一。

地月系　**太阳系**　**银行系**　**宇宙**

Tips 1 太阳系中都有什么？
太阳系由太阳、行星、卫星、流体星、小行星、彗星、星际物质等组成。

太阳　水星　金星　地球　火星　木星　土星　天王星　海王星　月球

 小行星　 彗星

ips 2 银河系有多大？

银河系的直径约为 10 万光年，其中有超过 1000 亿颗恒星。

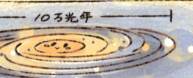

Tips 3 1 光年有多远？
光年是天文学单位，指光在真空中一年时间内传播的距离，约 94607 亿千米。

94607000000000000 千米

地球是如何诞生的？

在中国神话中，盘古开天辟地，将自己巨大的身躯幻化成了整个世界：他的眼睛变为了太阳和月亮，他的血液变为了江河湖泊，他的头发则变成了草木森林……

《圣经·创世记》里记录，上帝在空虚混沌中，花六天的时间创造出了天地万物。

不同的文化中都有类似的起源故事。近代以来的科学研究，才真正揭开了地球诞生的秘密。

大约 46 亿年前，气体和尘埃组成的星际云开始凝聚，温度不断升高，物质不断旋转。在它的中心，太阳逐渐形成。

在引力的影响下，大量岩石和冰块围绕着太阳运动。它们相互碰撞，逐渐聚集到一起，形成行星胚胎。

地球就在这样的过程中诞生了，巨大的质量和引力让地球形成大致的球形。

但碰撞并未结束。小行星等在太阳系中运动的天体继续撞击地球，随之成为地球的一部分。

持续而强烈的撞击产生大量能量，将地球表面变成了一片滚烫的岩浆海洋。

随着撞击的减少，地球表面逐渐冷却，形成固体外壳。

Tips 1　今天还会有天体撞击地球吗？

虽然大多数流星体会在进入地球大气层时瓦解，但估计每年仍有 500 颗左右的陨石会落到地面上。

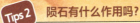

Tips 2　陨石有什么作用吗？

陨石就像一个小小的时间胶囊，很可能携带着太阳系和地球诞生初期的信息。

地球多少岁了？

古希腊哲学家坚信我们的星球是永恒的。地球一直就在这里，而且未来也永远会在。

1645 年，爱尔兰主教詹姆斯·厄舍根据《圣经》计算出地球诞生的日期是公元前 4004 年 10 月 23 日。

公元前4004年

很多人不相信地球只有几千年历史，法国思想家伯纳特·贝利希就是其中一位。他提出化石来自遥远的史前生物，结果被送进了监狱。

苏格兰地质学家詹姆斯·赫顿发现，古罗马人 1000 多年前建造的哈德良长城几乎没有被明显侵蚀的痕迹。因此，他认为自然界中那些受到严重侵蚀的岩石，一定已经存在了长得多的时间。

HOT!!!

物理学家开尔文勋爵认为，早期的地球是炽热的熔融状态，需要约 2000 万到 4 亿年的时间，才能冷却到现在的温度。就像从炉子中拿出的烤红薯，要经过一定的时间才能变凉。

查尔斯·达尔文从物种演化的角度推测，地球至少有 3 亿年的历史。

19 世纪末，物理学家发现了元素的放射性现象，证明地球这块"烤红薯"还会给自己加热。因而开尔文勋爵估算的地球年龄依然不够大。

随后，科学家利用放射性定年法，测算各地岩石年龄，推断更为准确的地球年龄。现在我们知道，地球已经将近 45.4 亿岁了！

Hello~

TiPS1
最老的岩石在哪里？
这块来自澳大利亚杰克山的锆石晶体已经有约 44 亿年历史了，是人们已经找到的最古老的矿石。

TiPS2
什么是放射性定年法？
岩石中的不稳定的放射性原子会不断发生衰变，数量越来越少。科学家通过测量剩余的不稳定原子的数量，就能判断岩石的年龄。

TiPS3
地球的年龄是什么概念？
如果将地球的历史浓缩成一天，那么原始人类在 23:59 之后才出现。

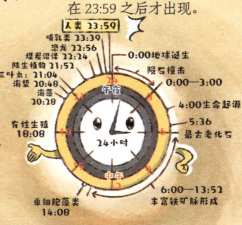

人类 23:59
哺乳类 23:39
恐龙 22:56
煤炭沼泽 22:24
陆生植物 21:52
三叶虫：21:04
海鱼 20:48
海藻 20:28
有性生殖 18:08
单细胞藻类 14:08

0:00 地球诞生
陨石撞击
0:00—3:00
4:00 生命起源
5:36 最古老化石
6:00—13:52 丰富铁矿脉形成

午夜
中午
24 小时

人类是如何逐渐认识地球形状的？

古代中国人提出，天像一个锅，是半球形的，地像一个方形棋盘，平平的，这就是古老的"天圆地方说"。

中国东汉时期天文学家张衡提出了"浑天说"。他认为天体如同鸡蛋，地就像蛋中的蛋黄，天大地小，天里还有水，天包着地。

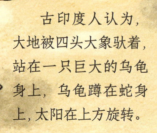

古印度人认为，大地被四头大象驮着，站在一只巨大的乌龟身上，乌龟蹲在蛇身上，太阳在上方旋转。

古希腊数学家毕达哥拉斯在海边发现远处行驶来的帆船，总是先出现桅杆，再出现船身，所以他认为地球的表面是弧形的。

1519 年，葡萄牙航海家麦哲伦的船队从西班牙出发，一直向西航行，历经 3 年完成了环球航行，用实践证明了地球是一个球体。

古希腊学者亚里士多德观察月食时，根据落在月球上的地球的影子推断出地球是一个球体。

1961 年，苏联宇航员加加林搭乘"东方一号"飞船在太空中绕地球飞行，这是人类第一次在遥远的太空观察地球。

人类对地球形状的认识过程是：天圆地方—球体—椭球体—不规则球体。

2003 年 10 月，我国航天员杨利伟乘坐神舟五号飞船登上太空，亲眼看到了地球的样子。

Tips 1 地球的大小是多少？
地球表面积约 5.1 亿平方千米。

5.1 亿平方千米

Tips 2 地球的半径是多少？
地球的平均半径约 6371 千米。

6371千米

Tips 3 地球的周长是多少？
地球赤道周长约 4 万千米。如果拿篮球明星姚明的身高来做参考，姚明的身高为 2.26 米，你猜猜多少个姚明首脚相连平躺着，可绕地球赤道一圈？答案：约 176991150 个。

西经 0 东经

30 西经0东经 30 60 90 120 东经180西经 120 90 60 30

60 · 60

30 · 30

0 赤道 · 0

30 · 30

60 · 60

30 0 30 60 90 120 150 180 150 120 90 60 30

经纬线是做什么用的？

与地球的自转轴（地轴）垂直，环绕地球一周的圆圈，叫纬线。

赤道是最长的纬线，将地球分为南北半球。

纬线指示东西方向

北

西 ← → 东

南

北极
80°
60°
40°
20°
赤道
0°
20°
40°
南极

越靠近赤道的纬线越长，

越靠近极地的纬线越短。

北极
北半球
赤道 0°
南半球
南极

基多赤道纪念碑

连接南北两极并垂直于纬线的弧线，叫经线。

经线指示南北方向。

北

西 ← → 东

南

北极
40°
20°
本初子午线
0°
20°
40°
120°
100°
80°
60°
南极

格林尼治天文台

1884 年国际经度会议决定，以通过英国格林尼治天文台旧址的经线，作为 0° 经线，也叫本初子午线。

160° E
20° W   20° W

西经 20° 和东经 160° 组成的经线圈，是东西半球的界限。这样划分，尽量避免了将一个国家分隔在两个半球。

每一条经线的长度都相同。

由经线和纬线组成的网络，就是经纬网。通过它，我们可以方便地确定地球表面任何一个地点的位置。这就好像去电影院看电影，可以根据排号和座号，确定自己的座位。

116°
40°   40°
★ 北京
116°

北极
80°
60°
80°   40°
60° 40° 20° 0° 20° 40° 60° 80°
赤道
0°
20°
40°
南极

古人很早发现，地球本身具有磁场，好像是一块巨大的磁铁。

为什么地球会像一块大磁铁？

中国人发明的指南针，就是利用了地球磁场特性来指示方向。北宋沈括在《梦溪笔谈》中详细记录了制作和使用指南针的方法。

由于磁铁"异性相斥"的特点，所以地磁北极位于地球的南极附近，而地磁南极则位于地球的北极附近。

实际上，地磁的南北两极和地球的南北两极不完全重合，而是会偏离一定距离。也就是说，指南针指示的"南"，和真正的"南"之间会有一些差距。

指爪法

水浮法　　缕悬法　　碗唇法

地磁轴　自转轴

11.5°

北极

南极

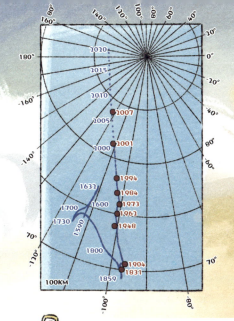

磁极的具体位置会不断变化。2001年时,地磁北极处于加拿大北部的埃尔斯米尔岛附近。自此之后一直以每天约20米的速度向俄罗斯方向移动。

神奇的是,地球的磁场并非亘古不变,地球的南北磁极还会调换位置,发生"磁极倒转"。

有科学家认为,磁极的变化是因为地球内部的一些意外改变带来的偶然现象。也有人认为磁极变化是有规律的。由于地球内部变化太复杂,到目前为止我们还没有确定答案。

磁场可以阻挡太阳释放的带电粒子,屏蔽来自宇宙的有害射线,像一件防护服一样保护着地球的安全,庇护着地球上的所有生命。

地球磁场产生的原因,困扰了科学家很长时间。有人认为是因为地球内部物质的运动,有人认为和地球中的放射性物质有关。爱尔兰物理学家拉莫尔则猜测,或许是因为地球内部有一个"发电机"。

"发电机学说"认为,地球内部的导电液体在流动时产生比较稳定的电流,电流的作用形成了磁场。这个听起来有些异想天开的理论,却得到了很多试验的验证。

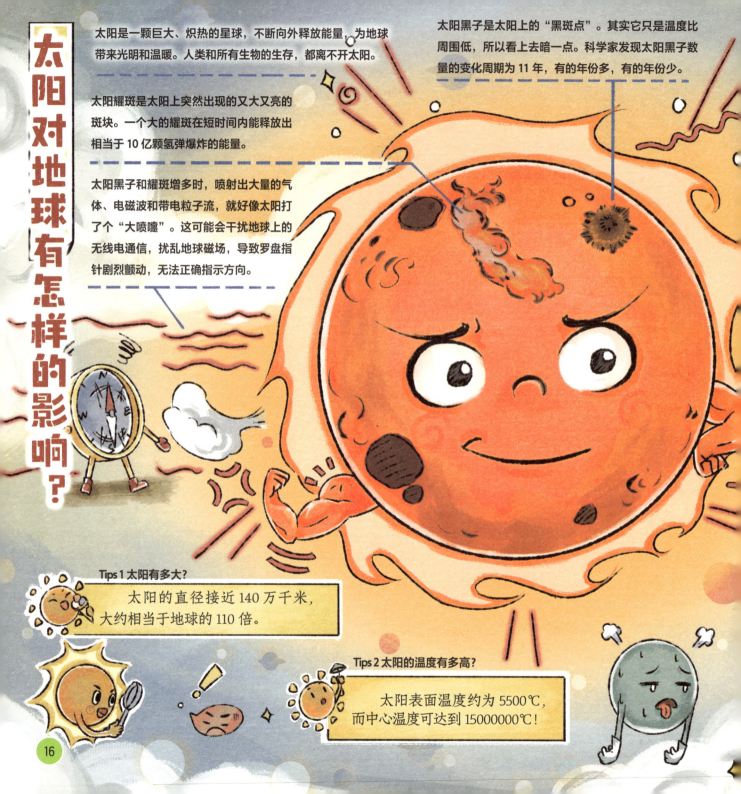

太阳对地球有怎样的影响？

太阳是一颗巨大、炽热的星球，不断向外释放能量，为地球带来光明和温暖。人类和所有生物的生存，都离不开太阳。

太阳耀斑是太阳上突然出现的又大又亮的斑块。一个大的耀斑在短时间内能释放出相当于 10 亿颗氢弹爆炸的能量。

太阳黑子和耀斑增多时，喷射出大量的气体、电磁波和带电粒子流，就好像太阳打了个"大喷嚏"。这可能会干扰地球上的无线电通信，扰乱地球磁场，导致罗盘指针剧烈颤动，无法正确指示方向。

太阳黑子是太阳上的"黑斑点"。其实它只是温度比周围低，所以看上去暗一点。科学家发现太阳黑子数量的变化周期为 11 年，有的年份多，有的年份少。

Tips 1 太阳有多大？

太阳的直径接近 140 万千米，大约相当于地球的 110 倍。

Tips 2 太阳的温度有多高？

太阳表面温度约为 5500℃，而中心温度可达到 15000000℃！

太阳为人类的生活提供充足的能量，可以用来加热、发电。我们大量使用的煤、石油等矿物燃料，其实也是历史上积累在生物中的太阳能。

如果在太阳和地球之间修一座宽、厚都是 3 千米的冰桥，每秒到达地球表面的太阳能量，只用 1 秒就能将它融化，8 秒就能将它全部蒸发成水蒸气。

如果带电粒子冲进了两极地区的高层大气，还会和那里的气体分子发生碰撞反应，产生绚丽的极光。

Tips 3 太阳的能量来自哪里？
太阳的能量来自太阳内部的核聚变反应。

地球上为什么会存在生命？

太阳系的整体环境比较安全，太阳持续稳定地向地球输送光和热，没有太大的波动变化，是一颗"很靠谱"的恒星。

太阳系外围的木星、土星、天王星和海王星"个头"较大，能够帮助地球阻挡太阳系外飞来的小天体。绕地球运动的月球也没少替地球"挡枪"，只要看看月球背面那千疮百孔的样子就知道了。

地球和太阳的距离不远不近，让地球表面的温度保持在合理范围内，适合生命的出现和演化。

长短适当的自转周期，让一个地方不会长时间地被太阳"炙烤"或长时间见不到阳光。这样，温度的变化幅度就不会过大。

地球的大小和质量适中，产生的引力能够让大量的气体聚集在地球周围，形成厚厚的大气层。经过漫长的时间，氧气和氮气成为大气的主要成分，非常适合生物呼吸。

大气层包裹着整个地球，又像是给地球穿上了防护服，既能帮助保持地球的温度，又能阻挡紫外线的伤害，甚至可以减轻小行星袭击地球时的伤害。

适宜的温度让液态水可以在地球上长期存在。水是生命的摇篮，地球最初的单细胞生命就出现在海洋中。

Tips 1 宇宙中还有其他地方存在生命吗？

人类目前还没有在宇宙中其他地方发现生命。但相对于浩瀚的宇宙，人类已知的东西还太少。

Tips 2 什么是宜居带？

人类以地球为模板，划出的适合生命存在的宇宙空间。科学家相信，宜居带最可能有生命存在。

Tips 3 生命只有一种形式吗？

有科学家认为，或许其他星球上的生命与地球完全不同，所需要的环境也就大不一样。

和宇宙中的其他星球一样，地球始终处在不断运动中。地球的运动包括自转和公转两种形式。

地球绕自转轴旋转的运动，就是自转。

地球是如何运动的？

地球的自转轴被称为地轴，它的北端始终指向北极星附近。正因如此，中国古人很早就发现，夜空中的北极星是固定不动的，所有其他星星似乎都在绕着它旋转。

北极星

地轴

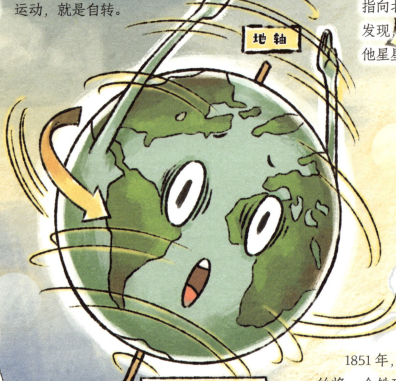

地球的自转

北斗七星

北极星

小熊座

1851年，法国物理学家傅科用一根67米长的钢丝将一个铁球悬挂在屋顶下，观察它的运动。铁球每次摆动都会稍稍偏离原轨迹并发生旋转，这验证了地球自转的影响。

我找到证据啦！

地球绕太阳的运动，就是地球的公转。地球公转的轨道是很接近正圆的椭圆形，太阳位于其中一个焦点上。

地球绕太阳公转时，地轴是倾斜的。换句话说，地球是"歪着身子"绕太阳公转的。所以当地球处于公转轨道上的不同位置时，太阳垂直照射到地球上的点是不断变化的。

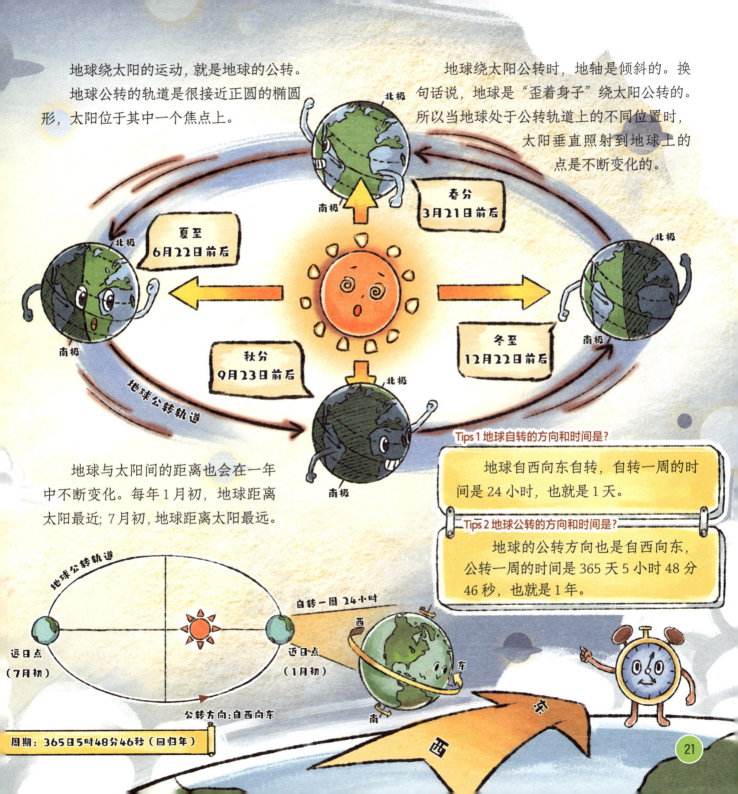

春分
3月21日前后

夏至
6月22日前后

北极

南极

秋分
9月23日前后

冬至
12月22日前后

北极

南极

北极

南极

北极

南极

地球公转轨道

地球与太阳间的距离也会在一年中不断变化。每年1月初，地球距离太阳最近；7月初，地球距离太阳最远。

Tips 1 地球自转的方向和时间是?

地球自西向东自转，自转一周的时间是 24 小时，也就是 1 天。

Tips 2 地球公转的方向和时间是?

地球的公转方向也是自西向东，公转一周的时间是 365 天 5 小时 48 分 46 秒，也就是 1 年。

地球公转轨道

远日点
（7月初）

近日点
（1月初）

公转方向:自西向东

周期：365日5时48分46秒（回归年）

自转一周 24小时

西

东

南

北

西

东

南

为什么会有昼夜交替?

地球是一个不透明的球体，所以在任何时间，太阳都只能照亮地球表面的一半。朝向太阳的一面是白天，背对太阳的一面则是黑夜。

北极

黑夜

北极圈

晨昏线

夜半球

昼半球

北回归线

白天

赤道

自西向东

南回归线

南极圈

南极

地球不停地自转，昼夜也就不断地交替。每个时刻，地球上都有地方迎来白天，也有地方进入黑夜。

昼夜交替的周期是 1 个太阳日，循环往复，永不停歇，影响着人类的作息时间和生活习惯。

一年之中，赤道上始终昼夜平分，也就是白天和黑夜各占 12 小时。其他地方的昼夜长短，则会随着太阳直射点的改变而不断变化。

6月

3月

9月

12月

自春分至秋分，太阳直射北半球，北半球各个地方白天比黑夜更长。纬度越高，白天就越长。南半球则正好相反。

夏至这一天，太阳直射北回归线，是北半球白天最长的一天。北极圈内范围内甚至会出现太阳一天都不落下的"极昼"现象。

自秋分至春分，太阳直射南半球，北半球各个地方黑夜比白天更长。纬度越高，黑夜就越长。

冬至这一天，太阳直射南回归线，是北半球黑夜最长的一天。北极圈内则会出现完全见不到太阳的"极夜"现象。

冬至是中国的重要节气，也是因为从这天开始白天越来越长，给了人们春天将要到来的希望。

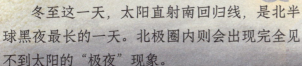

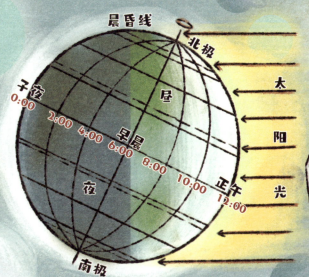

世界各个地方的时间为什么不同？

经度每差 1°，
时间相差 4 分钟；
每差 15°，
时间相差 1 小时。

由于地球自西向东自转，东边总是会比西边先看到日出。这样，地球上不同地方的时间也就有了早晚的差别。

在古代，世界各地往往会根据自己的情况，决定使用的地方时。

工业革命后，随着长途铁路运输的兴起，人们越来越感觉到时间不同带来的不便。统一制定的"铁路时间"最早在英国出现。

统一好时间方便多了

1884 年，国际经度会议决定按统一的标准划分时区，分区计时。全球被分为 24 个时区，每个时区跨 15 个经度，相邻的两个时区相差 1 小时。

时区以 0° 经线为中心，将西经 7.5° 到东经 7.5° 确定为中时区。中时区以东至 180°，依此分为东一区至东十二区；中时区以西至 180°，依此划分为西一区至西十二区。

到 1929 年，世界上绝大多数国家已经按照标准时区确定了自己国家的时间。不同地方生活的人，交流起来就方便多了。

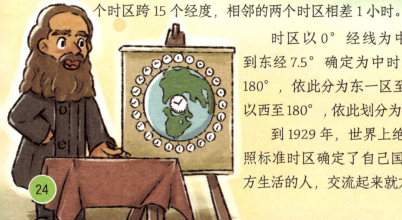

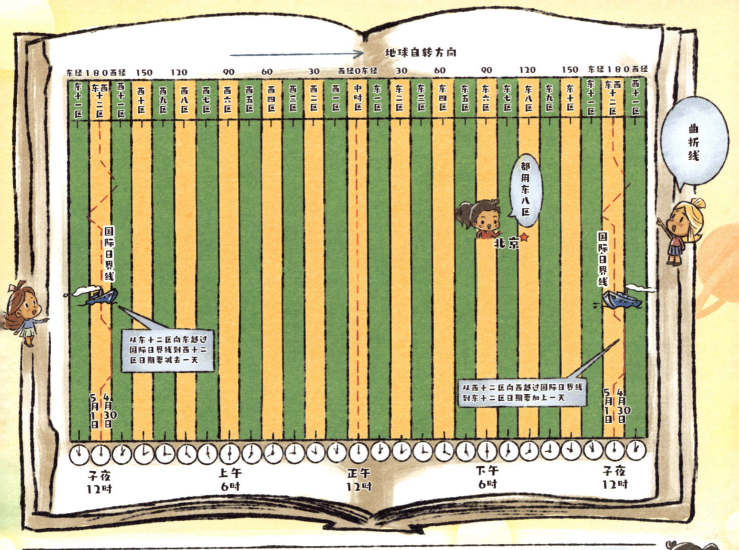

一些疆域辽阔的国家会横跨很多时区。为了方便，有些国家会选择统一使用首都所在时区的时间。比如中国跨越了 5 个时区，但都使用北京所在的东八区的时间。

为了避免日期的混乱，人们还规定以 180° 经线作为"今天"和"昨天"的分界线。这条线就被称为"国际日期变更线"。

如果你坐飞机或乘船从西向东越过国际日期变更线，日期就要减掉 1 天。反之就要增加 1 天。著名的"环游地球八十天"的故事就与日期的变化有关。

图中的国际日期变更线出现了一些曲折，这是为了避免在一个国家中出现两个日期。

地转偏向力是一种怎样的力？

由于地球的自转，在地球表面沿水平方向运动的物体，会逐渐偏离原有方向。地理学家把造成这种现象的力称为地转偏向力。

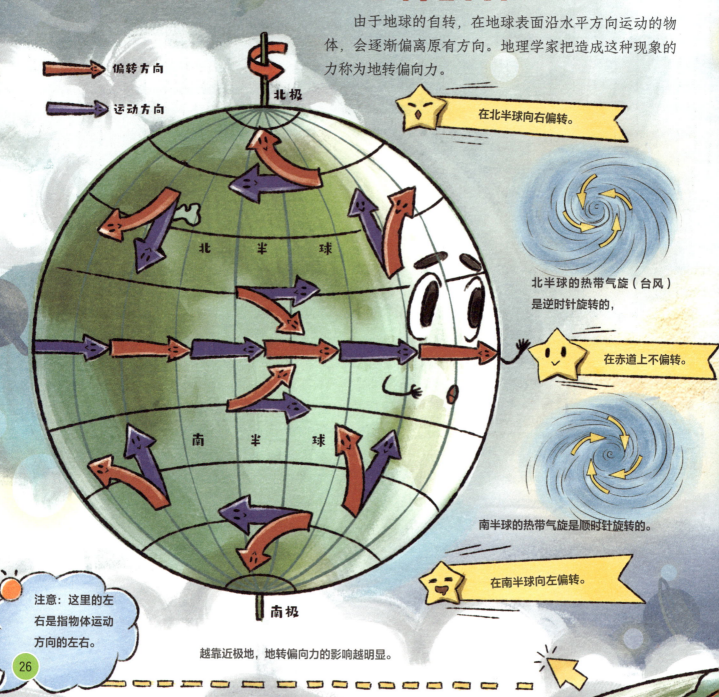

偏转方向

运动方向

北极

北 半 球

南 半 球

南极

在北半球向右偏转。

北半球的热带气旋（台风）是逆时针旋转的，

在赤道上不偏转。

南半球的热带气旋是顺时针旋转的。

在南半球向左偏转。

注意：这里的左右是指物体运动方向的左右。

越靠近极地，地转偏向力的影响越明显。

26

科里奥利力

法国数学家科里奥利最早发现这一现象，因此人们也把地转偏向力称为"科里奥利力"。他的名字还被刻在埃菲尔铁塔上作为纪念。

大规模运动的气流和水流，最容易观察到地转偏向力的影响。一年中沿固定方向吹动的信风、西风，会在南北半球发生不同方向的偏转。

极地东风带
北纬60°
西风带
北纬30°
东北信风带
赤道
东南信风带
北纬30°
西风带
南纬60°
极地东风带

飞行距离遥远的洲际导弹，如果不考虑地转偏向力的影响，就很难准确地击中目标。

Tips 南北半球马桶冲水的旋涡方向与地转偏向力有关吗？

马桶的体量太小，地转偏向力很难产生肉眼可见的影响。冲水的旋涡方向和马桶的结构关系更大。

为什么会有季节的变化？

太阳距离地球十分遥远，且体积巨大，因而照射到地球上的光线，可以看成是几乎平行的。

太阳越接近垂直照射，落到地面的光线就越集中，接收到的太阳能量就越多；太阳照射的角度越低，落到地面的光线就越分散，接收到的太阳能量就越少。

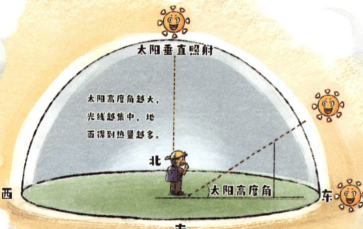

地球的形状是球体。所以平行照到地球上的光线，在南北不同的地方，太阳和地平面的夹角往往也不相同。

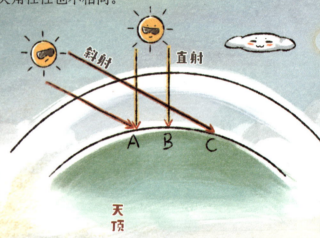

由于太阳直射点在一年中不断移动，使得地球上不同地方、不同时间接收到的太阳能量也在不断变化。

季节的变化，就来自太阳照射情况的变化。一年之中，白昼最长、太阳照射角度最高的季节，就是夏季；白昼最短、太阳照射角度最低的季节，就是冬季。春季和秋季则是夏、冬之间的过渡季节。

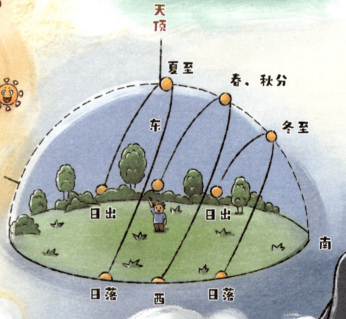

28

根据太阳照射情况和全年温度的变化，可以将地球表面大致划分出"五带"。"五带"以南、北回归线和南、北极圈作为划分界线。寒带冬季漫长寒冷，春秋十分短暂，会出现极昼、极夜现象。温带冬季寒冷，夏季温暖，能够感受到明显的四季变化。这样的气候很适合人类，世界上有很多人生活在温带地区。位于赤道两侧的热带，会受到太阳的直射，全年十分炎热。

北极

北寒带

66.5°N

北极圈

北温带

北回归线

23.5°N

赤道

0°

热 带

南回归线

23.5°S

南温带

南极圈

66.5°S

南寒带

南极

有极昼、极夜

无太阳直射，也无极昼极夜：四季分明

太阳直射

无太阳直射，也无极昼极夜：四季分明

有极昼、极夜

古代世界各地的人们，都会通过观察太阳、星星和月亮来记录时间的流逝，最早的历法由此而来。

日历是怎么来的？

一天是地球自转一周的时间，一月是月亮完成一次圆缺变化的时间，一年则是地球绕太阳公转一周的时间。

不同文化根据自己的偏好，将日、月、年进行不同形式的组合，创造出自己的历法。

古埃及历法一年有365天，每天24小时。根据气候和尼罗河的涨落，一年被分为三个季节：泛滥季、播种季和收获季。

中国的农历根据月相确定月份，每个月有29或30天，12个月约354天。同时，根据太阳的变化周期，确定二十四节气，并用设置闰月的方法弥补每年天数的差异。

公元前45年，以恺撒大帝命名的"儒略历"开始使用。一年365天，设12个月，大小月交替，大月31天，小月30天。每4年设置一个闰年，增加1天。

太阳光

上弦月

凸月

初七、初八

峨眉月

满月

地球

新月

十五、十六

初一

凸月

二十二、二十三

峨眉月

下弦月

伊斯兰历是一种纯粹的阴历，完全以月相为准，每月 29 天或 30 天，12 个月为 1 年，不设闰月。与公历相比，每年要少 10 ~ 11 天。

玛雅人有一个复杂的历法循环系统，包括三种天数不同的日历，每 52 年循环一次。

公元 1280 年，郭守敬在大规模观测的基础上，制定了新的历法"授时历"。这是当时世界上最科学、最精确的历法，比后来世界通用的公历早 300 年。

铛铛～

公元 1582 年，在"儒略历"的基础上修正形成的"格里高利历"正式颁行，这是今天世界范围内最广泛使用的历法。中国在 1912 年引进，称为公历或阳历。

3月						
	1	2	3	4	5	6
7	8	9	10	11	12	13
14	15	16	17	18	19	20
21	22	23	24	25	26	27
28	29	30	31			

Tips 1 农历是阴历吗?
中国的农历同时考虑到太阳和月球的运动，实际是一种阴阳合历。

2月						
	1	2	3	4	5	6
7	8	9	10	11	12	13
14	15	16	17	18	19	20
21	22	23	24	25	26	27
28	29	30	31			

Tips 2 为什么平常年份的 2 月只有 28 天?

今天的公历源自古罗马"儒略历"。历法规定单数月 31 天，双数月 30 天，但这样全年就会有 366 天。古罗马每年 2 月处决犯人，于是恺撒就将这个"不吉利"的月份减掉 1 天。后来，奥古斯都皇帝在 8 月去世，为纪念他的功勋，就又从 2 月减去 1 天加到了 8 月。这样 8 月就有了 31 天，而 2 月就只剩 28 天了。

地球内部是什么样子？

数学家欧拉认为地球是空心的，南北两极各有一个开口，可以进入地球内部。地球的中心是一个小太阳。

17世纪，天文学家哈雷认为地球是个有三层外壳的星球，每层壳之间充满着气体。

地球太阳

法国科幻小说之父凡尔纳在《地心游记》中描绘了他想象中的通往地心的神奇旅行。

德国牧师基歇尔通过对火山的考察，推测地球内部有很多连在一起的燃烧室。

现代科学家认为，依照不同的化学成分，可以把地球的内部分为三层：地壳、地幔和地核。它们的大小比例，与鸡蛋里蛋壳、蛋清和蛋黄的比例非常相似。

富含镁元素，密度比地壳更大。受高温和高压的影响，这里的岩石能缓慢地流动。

由固态的内核和液态的外核两部分组成，科学家推断它们的主要成分是铁和镍。

上地幔
下地幔

外地核
内地核

让我看看里面是什么？

地幔半径 2900千米
外地核半径 2200千米
内地核半径 1230千米

陆壳 25-70千米
洋壳 5-12千米

地壳

固态岩石构成了地球薄薄的表层。地壳分为陆壳和洋壳，陆壳比洋壳更厚、密度更小。

Tips 1 地球内部的温度有多高？

地球内部越靠近地球中心温度越高，内地核的温度可能超过 6700℃。

Tips 2 人们到过地下多深的地方？

迄今为止人类到达的地下最深处，是苏联地质学家在科拉半岛打出的 SG-3 钻孔，深度达 12262 米。

Tips 3 人们怎么知道地球更深处的结构？

地震会产生地震波。科学家通过研究地震波穿过地球的速度和路径，来推断地球内部的结构。

什么是大陆漂移假说？

16 世纪末，比利时地图学家奥特柳斯发现大西洋两侧的大陆形状能拼合起来。他认为是地震和洪水把美洲和欧洲、非洲撕裂了开来。

1912 年，德国气象学家魏格纳正式提出大陆漂移假说，认为所有的陆地曾经是连成一片的，后来经过分裂和漂移，才逐渐形成今天的样子。

亚洲
北美洲
欧洲
南美洲
非洲

2 亿年前：所有大陆连成一片，魏格纳将其称为泛大陆。

1.8 亿年前：大陆漂移使泛大陆分裂，北大西洋开始形成。

1.35 亿年前：非洲和南美洲开始分裂。

6500 万年前：印度向北移向亚洲。

今天：扔在运动中的板块。

魏格纳不满足于简单的"拼图游戏"，而是搜集了岩石、化石和气候等方面的不同证据，尝试证明他提出的理论。

他发现美国的阿巴拉契亚山脉、格陵兰岛和欧洲分布有类似的岩石，年龄也都在2亿年左右。

舌羊齿化石

他还发现中龙、舌羊齿等动植物的化石，同时出现在被大洋分隔的不同大陆上。他认为这些物种不可能自己"游"过大洋。

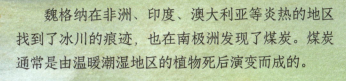

魏格纳在非洲、印度、澳大利亚等炎热的地区找到了冰川的痕迹，也在南极洲发现了煤炭。煤炭通常是由温暖潮湿地区的植物死后演变而成的。

尽管如此，魏格纳的理论还是受到了众多科学家的质疑。一方面是因为他的专业背景是天文学和气象学，地质学家们觉得他根本不懂地质。更重要的是，他无法解释推动陆地移动的巨大力量来自哪里，陆地具体又是怎样移动的。

直到20世纪60年代，新技术带来了更多新的证据，科学家们才开始重新思考魏格纳的假说。

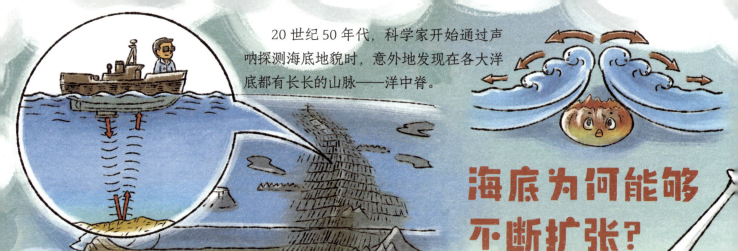

20世纪50年代，科学家开始通过声呐探测海底地貌时，意外地发现在各大洋底都有长长的山脉——洋中脊。

海底为何能够不断扩张？

洋中脊蜿蜒曲折，就像棒球表面的接缝一样。它们贯穿世界各个大洋，可以说是全球最长的山脉。

大西洋和印度洋的洋中脊几乎位于两大洋的正中心。

大西洋洋中脊

中印度洋洋中脊

太平洋洋中脊

西南印度洋洋中脊

东南印度洋洋中脊

1960年，地质学家赫斯仔细研究了洋中脊的分布图，发现洋中脊很可能与魏格纳所说的大陆漂移有关，进而提出了大胆的"海底扩张学说"。

在大陆边缘，科学家又发现了很多沿群岛分布的海沟，深度超 6000 米。这样的地形在太平洋西部最为典型。在那里，最深的马里亚纳海沟深度超过 11000 米。

"海底扩张学说"认为洋中脊是新的海底诞生之处。那里有很多裂缝，地幔中的熔融物质就从这些裂缝中涌出，逐渐冷却，形成新的地壳。

这个过程持续进行，推动两侧岩石不断向外扩张。整个大洋底，就像是一条缓慢运转的传送带，每年从洋中脊向两侧运动几厘米。

海沟　　　洋中脊

海底火山

俯冲带

地幔柱

当扩张的海底遇到大陆边缘时，就会被挤压下沉，逐渐融化，回到地幔之中。海沟也就是地壳消失的地方。

Tips 什么是声呐？

声呐是用来探测水下物体深度的仪器。它向水下发出声波，接收反射回的声波。根据声波发出和返回的时间，算出海底的深度。

洋中脊

正磁极性
反转磁极性

科学家乘坐潜艇潜入海底，在洋中脊发现了各种奇形怪状的岩石，有的像挤出来的牙膏，有的像枕头，证实了这里确实不断有新的岩石形成。

岩石圈　　岩浆

科学家发现，洋底的岩石还记录了地球磁场的变化。它们在洋中脊两侧呈条带形分布，相邻的条带有着相反的磁性，就像是斑马的黑白条纹。

科学家通过钻取海底的岩石发现了一件更有趣的事情：距离洋中脊越近的地方，岩石的年龄越小；距离洋中脊越远的地方，年龄越大。

板块构造是什么理论？

1965 年，加拿大科学家威尔逊发现，大陆上也有很多与洋中脊相似的裂痕。他认为，这些裂痕将地球表面的岩石"岩石圈"分成了各个部分，就像是煮熟的鸡蛋掉在地上，形成了许多不规则的碎片一样。

威尔逊将这些"碎片"称为板块，并在大陆漂移和海底扩张学说基础上，提出了"板块构造理论"。这个理论认为，地球表面由不同板块组成，板块处在缓慢的、持续的变化中。

全球由六个较大的板块组成：太平洋板块、亚欧板块、印度洋板块、非洲板块、美洲板块和南极洲板块。此外还有不少破碎的小板块。

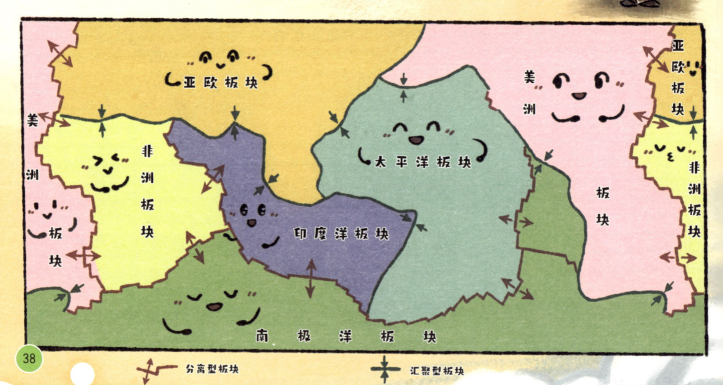

分离型板块边界： 边界两侧的板块相互分离。洋中脊就是典型的分离型板块边界。

东非大裂谷全长 6000 千米，从红海延伸到非洲东南部，像是地球表面一条巨大的伤疤。实际上，这里也是板块相互分离的边界。

汇聚型板块边界： 边界两侧的板块相互挤压、碰撞。海沟就是大洋板块和大陆板块相互挤压形成的。

喜马拉雅山脉是印度洋板块和亚欧板块不断相互碰撞形成的。直到今天，它还在不断长高。

平错型板块边界： 边界两侧的板块相互错动。

板块运动导致了地球海陆的变迁。大西洋不断长大，太平洋正逐渐缩小，而东非大裂谷所在的地方，未来很可能形成一个新的大洋。

纽约　　大 西 洋　　巴黎

海底扩张

岩石圈　　洋中脊　　海洋

地幔

海沟

Tips 什么样的力量可以推动巨大的板块运动？

科学家认为，是地幔中熔融状态的岩石在高温状态下形成热对流，带动着板块运动。

为什么会发生地震？

地震是一种比较常见的自然现象，很早以前人们就开始记录并思考地震的成因。中国古书中记录了近4000年前的一次地震，很可能是世界上最早的地震记录。

在日本的传说中，地下有一条巨大的鲶鱼。鲶鱼翻身的时候，大地就会震动。

古代中国人认为，地震是阴阳失调的表现，是上天给人的警示。

如果岩石圈中的岩石受到挤压或拉伸，超过能够承受的限度，就有可能突然发生断裂或错位。长期积蓄起来的能量就会在一瞬间释放出来，震动整个大地。我们把这种现象称为地震。

地震了！

震源深度

震源到地面的垂直距离。震源离地面越近，造成的破坏往往更大。

震中

地球表面正对着震源的那个点。

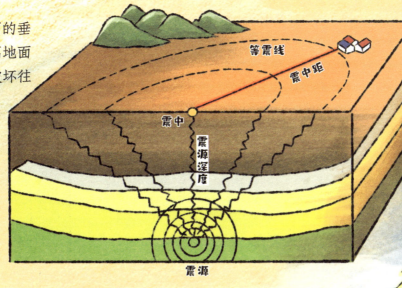

等震线

震中距

震中

震源深度

震源

震中距

某地与震中之间的直线距离。通常来说，离震中越近，该地受到地震的影响就越大。

震源

地球内部岩石破裂，引起震动的地方。

地震波

震源释放的能量会以地震波的形式向四周传播。地面出现的各种破坏现象都是地震波的冲击造成的。

P 波

地震后首先到达地面的地震波。它会让地面一伸一缩地震动，就像拉手风琴一样。

S 波

S 波在 P 波之后到达地面，它让地面横向摆动。S 波只能在固体中传播。

表面波

表面波传播得最慢，但却能让地球表面像海浪一样翻滚，造成巨大破坏。

Tips 人类活动会引起地震吗？

地下核试验，会造成小规模地震。有科学家认为，大型水库也有可能诱发地震。

41

地震的威力有多大？

每年，地球上会发生约 500 万次地震，也就是平均每天 1 万多次。人们用震级代表地震释放能量的大小。震级相差 1 级，能量会相差约 32 倍。

每天 10000 多次！

4 级地震 =1000 吨 TNT 炸药释放的能量；6 级地震 =100 万吨 TNT 炸药释放的能量。

绝大多数地震在 3 级以下，引起的地面震动不强，人们很难察觉到，也不会造成什么破坏。3 ~ 5 级地震，在震中附近的人会有感觉。5 级以上地震，会造成不同程度的破坏。

小于3级
弱震

大于3级 小于或等于4.5级
有感地震

大于4.5级 小于6级
中强震

大于或等于6级
强震巨震

地震的威力与震级、震源深度、震中距、地下岩石的结构、地面建筑的坚固程度等很多因素有关系。

科学家用烈度来衡量一个地方地震后受到破坏的程度。一次地震可以有很多个烈度。

地震产生的剧烈震动，会破坏建筑，摧毁公路、桥梁、通信、地下管道等各种基础设施，带来巨大的财产损失，引发火灾、有毒气体泄漏、瘟疫等次生灾害。

地震引发的突然震动，有时会把原本坚固的泥土瞬间转变为泥浆，就像是冰激凌突然融化成液体。这种被称为液化作用的现象会加剧道路塌陷、建筑下沉和倒塌。

地震会直接导致大量人员受伤甚至死亡。灾难的冲击、家庭的剧变，也会长期影响灾区人们的生活状况和心理健康。

在海底发生的剧烈地震，可能引起海水的振动。这样的振动能以每小时大于 700 千米的速度，迅速向四周传播。在接近海岸时，会形成海啸。海啸的巨浪高度可能超过 10 米，给沿岸地区造成巨大的破坏。

在山区发生的地震，容易导致崩塌、滑坡、泥石流等灾难，带来更大的破坏。

Tips 1 历史上最大的地震有多大？

太平洋　圣地亚哥　康塞普西翁　智利

1960 年 5 月 22 日，在智利发生了 9.5 级大地震。这是地震仪测到过的最大震级。

Tips 2 历史上造成死亡人数最多的地震是哪次？

华县　波及州县96个　450公里　28万平方千米

1556 年，中国陕西的嘉靖大地震，造成 83 万人丧生。这是有记录的死亡人数最多的地震。

地震能预测吗？

公元 132 年，天文学家张衡发明了世界上最早的地动仪，可以测出地震发生的大致方向。不过，由于没有真正的实物出土，人们只能根据文字记录猜测地动仪可能的外形和原理。

19 世纪末到 20 世纪初，意大利、英国、日本等国家的科学家逐步完善了测量和记录地震的现代地震仪。

一个重物通过一根弹簧或金属丝悬挂在一个支架上，重物下连接着一支笔。

滚筒上卷有记录纸，垂下来的笔尖正好接触到记录纸上。

地震发生时，地震波使地震仪上的滚筒震动、旋转，而悬挂的重物几乎保持不动。这样，重物上的笔就可以记录下滚筒运动的情况。

金属丝

重物

笔

滚筒

地震波引起的地面振动

现在，更为先进的地震仪已经用电子传感器取代了笔，记录地震波。

人们已经建立了覆盖全球的地震监测网络，可以记录和测量发生在世界各地的所有地震，并将信息通过网络共享。

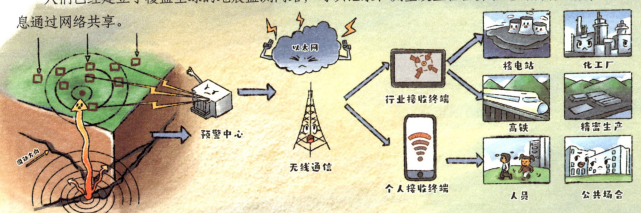

虽然科学家对地震的研究不断深入，获得的数据越来越丰富，但是，直到今天，科学家依然无法精确预测可能发生地震的时间和地点。

但是，我们可以通过各种措施，尽可能地减少地震带来的破坏和损失。

绝大多数地震造成的伤亡，与建筑物的损毁有关。建造更坚固、能抵抗更强地震的房屋，是非常必要的。

发生地震时，保持冷静，第一时间寻找安全的地方躲避。

做好应对地震的准备，在方便的地方备好急救箱、应急照明设备、饮用水和不易坏的食物。

岩石能告诉我们什么?

金刚石

矿物是一种既不是植物又不是动物的天然物质。每种矿物都有固定的化学成分和结构。金刚石就是一种极其坚硬的矿物,由碳原子组成。

云母

石英

花岗岩

长石

角闪石

随处可见的岩石,是构成地球表面的固体物质。它们由矿物和其他物质混合而成,有的岩石只含有一种矿物,有的则含有多种矿物。花岗岩就是由石英、云母、长石、角闪石等矿物组成的一种岩石。

如果你仔细观察岩石,可以发现矿物颗粒的大小和排列方式都有各自的特点。地质学家能根据这些特点,推断出岩石形成的方式。

火成岩是高温熔融状态的岩石物质冷却变硬后形成的。它是地球上最早形成的一种岩石。

地表之下的熔融物质就是岩浆,它会随着时间的推移慢慢冷却、变硬,形成纹理比较粗糙的岩石。花岗岩就是这样形成的。

有时,岩浆会喷发到地表,形成熔岩。遇到空气的熔岩会迅速冷却,形成纹理细腻的火成岩。玄武岩是这类岩石的代表。

熔岩

岩浆

沙子、泥土、小石子、贝壳、骨头等来自岩石或生物的碎屑，经过风或流水搬运后，常在一个地方沉积下来。这些沉积物经过长时间挤压，黏结在一起，形成沉积岩。

页岩　砾岩

石灰岩

细小的黏土颗粒沉积形成的岩石，称为页岩。砾岩则是由较大的石块黏结形成的沉积岩。

海洋动物死后，它们的甲壳和骨骼在海底沉积，并黏结在一起，可能会形成一种叫石灰岩的沉积岩。

已经存在的岩石，经过高温、高压的"烹制"，矿物成分可能发生化学变化，形成新的岩石。这类岩石被称为变质岩。

常被古希腊人用于雕刻石像的大理岩，就是石灰岩在地下受到高温、高压的作用，"变质"形成的。

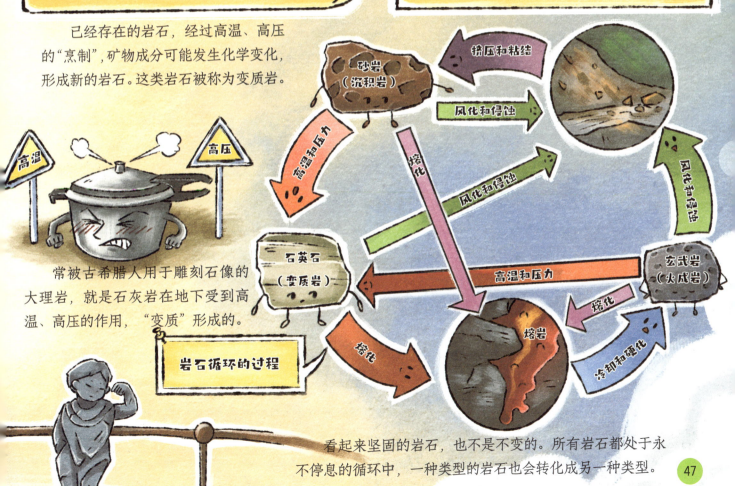

岩石循环的过程

看起来坚固的岩石，也不是不变的。所有岩石都处于永不停息的循环中，一种类型的岩石也会转化成另一种类型。

47

化石能告诉我们什么？

沉积岩在漫长的时间里逐渐形成，往往是一层一层的，就像一本厚厚的"岩石书"。而"阅读"这些书，可以帮我们读懂地球的历史。

一般来说，先沉积的岩石在下面，后沉积的岩石在上面。这样，地质学家就可以根据岩石的上下位置关系，判断岩石相对的年龄大小。

但如果要知道"岩石的年龄有多大"这个问题的精确答案，就需要用到放射性同位素测年的方法。

远古的生物死后，如果立即被泥土掩埋，就有可能在经过漫长的岁月后，形成一种特别的石头——化石。

化石通常会出现在沉积岩中。在同一岩层中，往往会含有相似的化石。

动植物坚硬的部分，如骨头、牙齿、甲壳等，比较容易形成化石，留存下来。

有时，一个浅浅的足迹、身体的压痕或排泄物也可能保存下来，形成遗迹化石，成为动物或植物曾经存在的证据。

遗迹化石能给古生物学家提供很多有趣的信息，如脚印和尾巴的痕迹能够反映出某种恐龙行走的方式，粪便可以告诉我们某种动物的食谱。

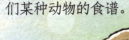

被埋藏在岩石中的贝壳，会被渗入的水分溶解，形成一个空洞。这个空洞同样能显示出贝壳的外形特点。类似这样的特殊化石称为模铸化石。

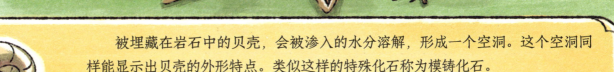

有时，树木渗出的黏液会碰巧把在树木附近活动的小虫子黏住。当汁液硬化后，会形成半透明的琥珀，小虫子也就成了包裹在琥珀中的"永久性展品"。

在寒冷的西伯利亚，科学家甚至在冻土层中找到了完整的猛犸！由于在死后立刻被"天然速冻"，猛犸的骨头、毛发、皮肤、肌肉甚至是内脏器官，都完好地保存了下来。

科学家通过研究化石，可以了解古代生物的种类、特征，分析出当时的自然环境特点，认识地球发展的历史过程。

地球经历了怎样的发展历史？

通过对全世界各地的地层和古生物化石的研究，科学家发现地球的演化发展可以分成非常明显的不同阶段。

显生宙	新生代	第四纪
		新近纪
		古近纪
	中生代	白垩纪
		侏罗纪
		三叠纪
	古生代	二叠纪
		石炭纪
		泥盆纪
		志留纪
		奥陶纪
		寒武纪
元古宙		
太古宙		
冥古宙		

地质年代示意图

新生代（距今 6600 万年至今）

新生代是"最近的生物时代"。联合古陆最终解体，形成了今天的海陆格局。喜马拉雅山脉、落基山脉等高大的山脉形成，气候逐渐变冷变干，经历了多个冰河时期。

被子植物繁盛，草原面积扩大，哺乳动物发展迅速，成了地球的"统治者"。

第四纪，人类终于登上历史舞台。相比于地球漫长的历史来说，人类只是一个年轻而渺小的物种。如果将地球的历史缩短为 1 天，人类在 23 时 59 分之后才出现。

中生代（距今 2.52 亿年 ~ 6600 万年）

中生代是"中间的生物时代"。由于板块运动剧烈，联合古陆逐渐解体，向着今天各个大陆的位置漂移，气候也逐渐温暖起来。

适宜的环境，让爬行动物成为中生代毫无疑问的霸主。恐龙大量繁殖，成为侏罗纪和白垩纪最具统治力的生物。鸟类和哺乳动物在这个时期出现，但还完全不能与"老大哥"爬行动物一较高下。第一批开花植物的化石也来自这一时期。中生代末期发生了物种大灭绝事件，包括恐龙在内的绝大多数物种从地球上消失了。

古生代（距今 5.41 亿年 ~ 2.52 亿年）

古生代是"远古生物的时代"。在这期间，地壳运动剧烈，海陆分布发生了多次大的变迁，最后形成了一块连在一起的巨大陆地——"联合古陆"。古生代早期，是海洋无脊椎动物繁盛的时代。温暖的海水里出现了三叶虫、笔石、鹦鹉螺等生物。植物也在这一时期第一次登上了陆地。

古生代晚期，很多新的生命形式出现，脊椎动物成为这一时期的主角。鱼类日益繁盛，成为海洋的主人。一些鱼类逐渐演化为能适应陆地生活的两栖动物和爬行动物。陆地上蕨类植物繁盛，森林茂密，沼泽密布。今天我们使用的煤炭，很多是在这一时期形成的。

前寒武纪（距今 5.41 亿年以前）

最古老的地质年代，被称为前寒武纪。它从地球形成的时候就开始了，延续了约 40 亿年，占地球历史的 90%。在这段时间里，地球的大气层、海洋和陆地慢慢形成，原始生命慢慢出现。蓝菌是这一时期最重要的生物，能通过光合作用制造氧气。

地球有哪些圈层？

地球表层的四大圈层

大气圈

生物圈

水圈

石岩圈

大气圈	笼罩着地球，由气体和悬浮物质组成。大气圈中的风、云、雨、雪等天气现象，与人类的生活息息相关。
水圈	包括地球表面各种形态的水体。辽阔的海洋、奔腾的河流、安静的湖泊、隐秘的地下水……都是水圈的成员。 南北两极的冰盖、高山上的冰川、北冰洋中的海冰……这些被冻住的水，也是水圈不可或缺的伙伴。由于它们的独特性，有的学者会将它们单独划分为一个圈层——冰冻圈。 水在自然中十分活跃，物质和能量的交换都离不开它，人类和其他生物的生存也离不开它。
岩石圈	地壳和地幔的顶部，由坚硬的岩石组成。岩石圈的表面高低不同，被大气圈、水圈所覆盖。
生物圈	所有生活在地球上的生物，共同组成了生物圈。大气圈、水圈和岩石圈都是它们生存和活动的范围。

大气圈、水圈、岩石圈、生物圈相互影响，紧密地联系在一起，形成人类生存和发展的自然环境。离开了谁都不行！美国科学家曾经在亚利桑那州的沙漠中，尝试建造一个模拟地球生态环境的全封闭实验场，被称为"生物圈 2 号"。在这个微型世界中，有模拟的海洋、平原、沼泽、森林、沙漠和人类居住区。1991 年，8 名科学家进入"生物圈 2 号"，希望测试人类离开地球是否能生存。遗憾的是，一年多以后，"生物圈 2 号"里的氧气含量大幅下降、降雨失控、植物疯长，生态环境失去了平衡，科学家们不得不提前撤出。

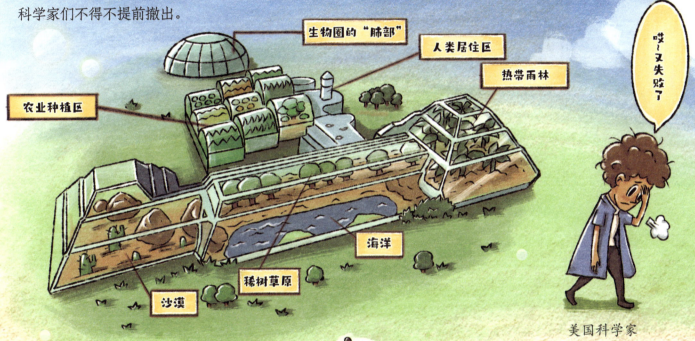

美国科学家

中国科学家研发了"绿航星际"试验平台，为未来的空间站任务进行准备。2016 年，4 名志愿者成功地在密闭的舱内生活了 180 天。

人类对地球的认识和了解，还有很长的路要走。保护地球，其实就是保护我们人类自己的生活空间。

图书在版编目（CIP）数据

绕不开的地理常识.1,神秘的蓝色星球 / 朱岩编著; 石子儿童书绘. —— 北京 : 电子工业出版社, 2024.1
（超级涨知识）
ISBN 978-7-121-46716-5

Ⅰ.①绕… Ⅱ.①朱…②石… Ⅲ.①地理 – 少儿读物 Ⅳ.①K9–49

中国国家版本馆CIP数据核字（2023）第228025号

责任编辑：　季　萌
印　　刷：当纳利（广东）印务有限公司
装　　订：当纳利（广东）印务有限公司
出版发行：电子工业出版社
　　　　　北京市海淀区万寿路173信箱　邮编：100036
开　　本：889×1194　1/20　印张：16.2　字数：421.2千字
版　　次：2024年1月第1版
印　　次：2024年1月第1次印刷
定　　价：148.00元（全6册）

凡所购买电子工业出版社图书有缺损问题，请向购买书店调换。若书店售缺，请与本社发行部联系，联系
及邮购电话：（010）88254888，88258888。
质量投诉请发邮件至zlts@phei.com.cn，盗版侵权举报请发邮件至dbqq@phei.com.cn。
本书咨询联系方式：（010）88254161转1860，jimeng@phei.com.cn。